Ein Bilderbuch von Bärbel Spathelf
mit Bildern von Susanne Szesny

Bärbel Spathelf – Susanne Szesny
DER
TV-GUCKI
oder Über den richtigen Umgang
mit Fernsehen und Computerspielen
FLIP
albarello

Es ist Nachmittag, die Sonne scheint und von draußen ist Kindergeschrei zu hören.
Die Geschwister sitzen vor dem Fernseher.
„Geht doch ein bisschen nach draußen", sagt die Mutter zu Philip und Katharina.
„Kommst du mit raus?", fragt Katharina ihren Bruder. „Der Film ist doch sowieso Quatsch."
Aber Philip ist so fasziniert von den Figuren, die schnell über den Bildschirm flitzen, dass er seine Schwester gar nicht hört.
„Philip!", ruft Katharina ungeduldig.
Philip schaut sie erstaunt an und fragt: „Was ist los?"
„Kommst du mit raus?", wiederholt Katharina. „Max und die anderen wollen doch noch trainieren."
„Keine Lust!", antwortet Philip und wendet sich wieder dem Fernseher zu.
„Aber ihr wollt doch dieses Jahr die Fußballmeisterschaft gewinnen", drängt Katharina.
„Ich komm später", antwortet Philip, „und außerdem bin ich sowieso fit", fügt er hinzu.
Katharina verlässt achselzuckend das Zimmer: „Wenn du meinst."

Nach einer Stunde macht Philip schließlich den Fernseher aus. Im Rausgehen schnappt er sich noch seinen Spielecomputer und spielt sein angefangenes Spiel weiter.
„Mann, endlich!", ruft sein bester Freund Max ärgerlich, als er Philip sieht. „Jetzt beeil dich aber mal!"
„Muss nur noch ins nächste Level", murmelt Philip, starrt auf den kleinen Bildschirm und drückt hektisch auf die Knöpfe. Er geht weiter zum Spielfeld, ohne zu schauen.
Und da passiert es!
Philip läuft direkt gegen eine dicke Stange am Spielfeldrand.
„Aua!", ruft er erschrocken und reibt sich die Stirn.
„Geschieht dir wirklich recht!", lachen seine Freunde. „Hast du keine Augen im Kopf?"
Philip murmelt ärgerlich vor sich hin und wirft seinen Spielecomputer zu den Trainingssachen der anderen.
„Vielleicht bist du ja jetzt wach und wir können den Angriff noch mal trainieren", schlägt Max vor. „Das klappt noch gar nicht."
Er kickt Philip den Ball zu und ruft: „Los jetzt!"
Philip läuft an, holt aus, stolpert und fällt der Länge nach hin.
„Mann, pass doch auf!", schimpft Kai und Max steht fassungslos neben Philip.
Der steht auf und wischt sich ärgerlich den Dreck von den Händen.
„Los, weiter! Kann ja mal passieren", ruft Philip.
„Denen werd ich's zeigen!", denkt er trotzig.

Die Jungen kicken sich den Ball zu und spielen wieder Richtung Tor.
„Philip, das ist jetzt deiner!“, schreit Max und spielt ihm den Ball zu.
Philip dribbelt und in Gedanken hat er den Ball schon unhaltbar in die linke Torecke gespielt, so wie er es gerade auf dem Bildschirm gesehen hat.
Er ist so in Gedanken, dass er den Fußball verpasst und ins Leere kickt.
„Das gibt's doch nicht!“, schreit Max. „Du bist ja total schlapp!“, schimpft er.
„Da können wir die Meisterschaft ja gleich vergessen.“
„Oder wir suchen uns einen neuen Stürmer!“, schlägt Alexander vor.
Da schnappt sich Philip seinen Spielecomputer und läuft zornig nach Hause.
„Was ist denn mit dem los?“, fragt Max Katharina.
„Ich weiß auch nicht“, antwortet Katharina kopfschüttelnd. „Er sitzt nur noch vor der Glotze oder spielt auf seinem Computer.“
„Davon wird man kein guter Stürmer“, schimpft Max.

Kaum zu Hause angekommen, setzt sich Philip an seinen großen Computer und startet ein Fußballspiel.
„Und ob ich Fußball spielen kann!“, schnaubt er und schaut gebannt auf den Bildschirm.
Er drückt hektisch auf die Tastatur, um seine Spieler zu bewegen.
„Du hast vollkommen Recht!“, sagt da eine Stimme. „Du bist der Beste und deine Mannschaft wird es ohne dich nie schaffen.“
Philip staunt. Auf seiner Tischkante sitzt plötzlich ein Junge, der aussieht wie eine Comicfigur. Er blinzelt ständig mit den Augen.
„Ich bin Gucki!“, stellt er sich vor. „Deine Freunde haben ja keine Ahnung vom Fußballspielen. Lass dir nichts erzählen.“
„Wo kommst du denn her?“, will Philip wissen.
„Direkt aus deinem Computer“, antwortet Gucki. „Und im Fernseher bin ich natürlich auch zu Hause. Ich kenn mich aus und kann alles“, sagt er mit stolzer Stimme und springt vom Tisch.
„Ach wirklich?“, fragt Philip. „Bist du sicher, dass du alles kannst?“
„Na klar“, antwortet Gucki. „Ich kann dir sogar alle Tricks zeigen, um ein guter Stürmer zu werden. Und wenn du willst, können wir gleich mit dem Training beginnen.“

TV

„Echt?“, staunt Philip und greift nach seinen Fußballschuhen.
„Nein, nein! Nicht draußen. Wir trainieren am Computer“, ruft er
und blinzelt mit den Augen.
Sie beginnen ein neues Computerspiel und Philip ist gespannt bei der Sache.
Gucki stürmt mit seinem Spieler nach vorne, überspringt die Gegner
und schießt ein Tor.
„So geht das!“, sagt er überheblich.
„Aber du kannst doch keine Spieler überspringen!“, zweifelt Philip.
„Auf dem Bildschirm ist alles möglich“, antwortet Gucki trotzig.
„Aber in Wirklichkeit kann ich nicht über jemanden springen“, beharrt Philip.
„Wen interessiert denn das wirkliche Leben?“, sagt Gucki mit
verächtlicher Stimme.
Philip fällt keine passende Antwort ein. Aber er hat plötzlich keine Lust
mehr weiterzuspielen.

Beim Abendessen fällt der Mutter auf, wie schweigsam Philip ist.
Als sie ihn ins Bett bringt, fragt sie ihn: „Was ist denn los, Philip? Hast du Kummer?"
Philip antwortet traurig: „Meine Mannschaft will einen neuen Stürmer wählen, weil ich nicht gut genug bin."
„Aber du warst doch immer der Schnellste", wundert sich die Mutter.
„Ja, aber heute hab ich keinen Ball getroffen und alle haben mich ausgelacht", schluchzt Philip.
„Ich glaube, dass du viel zu viel fernsiehst oder vor dem Computer sitzt", bemerkt die Mutter. „Du hast gar keine Zeit mehr, etwas anderes zu machen."
„Was hat das denn damit zu tun?", meint Philip trotzig.
„Wir reden morgen noch mal darüber", antwortet die Mutter.

In seinem Bett dreht sich Philip lange unruhig hin und her und sein Kopf tut weh. Als er endlich eingeschlafen ist, träumt er, dass er Fußballspieler in einem Computerspiel ist.
Er rennt hin und her, springt über seine Gegner und schießt ein Tor nach dem anderen. Das Spiel wird immer schneller und Philip wird immer hektischer und gerät außer Atem.

*„Ich kann nicht mehr!“, ruft Philip schließlich.*

*„Los, weiterspielen!“, schreit Gucki. Er ist der Schiedsrichter und fuchtelt mit seinen Armen nervös herum und blinzelt heftig mit den Augen. „In diesem Spiel kannst du nicht einfach aufhören“, schimpft er.*

*„Aber ich kann nicht mehr!“, stöhnt Philip.*

*„In einem Computerspiel gibt es keine Müdigkeit“, beharrt Gucki.*

*„Aber ich bin ein richtiger Junge und kein Computerjunge“, jammert Philip.*

*Gucki lacht ganz laut.*

*„Kannst du mich wenigstens hochziehen?“, bittet Philip etwas ärgerlich und streckt ihm den Arm entgegen.*

*„Geht nicht“, antwortet Gucki. „Du kannst mich nicht anfassen.“*

*„Nein?“, wundert Philip sich. „Warum denn nicht?“*

*„Na, hast du schon mal eine Figur im Fernsehen angefasst?“, will Gucki wissen.*

*„Na klar, ich brauch ja nur den Bildschirm anzufassen“, antwortet Philip.*

*„Siehst du! Du kannst den Bildschirm anfassen, aber nicht die Figuren dahinter. Und deshalb kann ich dir nicht helfen“, sagt Gucki.*

*„Daran hab ich noch nie gedacht“, meint Philip verblüfft. „Dann bist du ja gar nicht echt“, murmelt er.*

Plötzlich rüttelt ihn jemand an der Schulter.

„Zeit zum Aufstehen, Philip!“, sagt seine Mutter und gibt ihm einen Kuss.

Am nächsten Tag regnet es und Philip ist es sehr langweilig.
Es fällt ihm nichts Besseres ein, als den Fernseher einzuschalten.
„Ha, da bist du ja endlich wieder!“, ruft Gucki. „Ich dachte schon, du hättest keine Lust mehr.“
Er springt aus dem Bildschirm direkt auf Philip zu.
Die beiden werden aber jäh aus ihrem Gespräch gerissen, denn die Mutter kommt ins Zimmer und schimpft: „Du sitzt ja schon wieder vor dem Fernseher!“
„Ich wollte ihn gerade ausmachen“, sagt Philip schnell.
„Jetzt ist Schluss!“, sagt die Mutter streng. „Du kannst nicht ständig vor der Mattscheibe sitzen und wahllos alles anschauen.“
Philip schaut sie erschrocken an. „Andreas und Sabine aus meiner Kindergartengruppe haben sogar einen eigenen Fernseher im Zimmer“, antwortet er trotzig.
„Das ist mir völlig egal!“, sagt seine Mutter. „Das verschlimmert die Sache nur noch. In unserem Haushalt gibt es ab sofort feste Regeln für Fernsehen und Computerspiele, an die sich jeder halten wird!“
„Aber wieso?“, will Philip wissen.
„Kinder, die zu viel fernsehen, können sich nicht richtig konzentrieren. Sie können nicht mehr richtig schlafen. Sie können nicht richtig sprechen. Und dass man körperlich schlapp wird, hast du ja selbst erlebt“, fügt sie hinzu.

„Hm“, grummelt Philip. „Heißt das, dass ich nie mehr fernsehen kann?“
„Doch, aber wir legen fest, was du schauen kannst und wie lange“, antwortet die Mutter. „Ich rufe Katharina und Stefanie, damit alle Bescheid wissen.“
Philips Schwestern kommen angelaufen und schauen die Mutter fragend an.
„Ich wollte euch Kindern gerade erklären, welche Regeln ab sofort fürs Fernsehen gelten“, sagt sie. „Wir werden am Anfang der Woche festlegen, welche Sendungen ihr anschauen könnt.“
„Dürfen wir die aussuchen?“, will Katharina wissen.
„Ja, aber nur wenn sie für euer Alter sind“, antwortet die Mutter. „Wir tragen sie für jeden in einen Wochenplan ein und schreiben die täglichen Sendungen auf einen Zettel, den der Fernsehclown für uns festhält.“
Die Kinder nicken.
Die Mutter fährt fort: „In Zukunft ist nur noch eine halbe Stunde pro Tag erlaubt.“
Philip fragt unsicher: „Wie lange ist denn eine halbe Stunde?“
„Die meisten eurer Lieblingssendungen dauern eine halbe Stunde“, antwortet die Mutter und überlegt: „Ich werde euch die kleine Küchenuhr stellen. Wenn der Wecker klingelt, ist die Zeit um und dann ist Schluss.“

TV

„Und wenn ein Film länger dauert?“, wollen die Kinder wissen.
„Dann nehmen wir den Rest der Sendung auf und ihr könnt am nächsten Tag weiterschauen“, antwortet die Mutter.
„Und was ist mit Computerspielen?“, will Philip wissen.
„Das zählt dazu“, sagt die Mutter. „Ihr könnt entscheiden, ob ihr in den 30 Minuten fernseht oder Computerspiele macht.“
„Und ich?“, will Stefanie wissen.
„Du, mein Schatz, bist noch viel zu klein zum Fernsehen“, antwortet die Mutter. „Ab und zu gibt es vielleicht etwas für dich“, fügt sie hinzu. „Aber das schauen wir auf alle Fälle zusammen an.“
„Guckst du auch mit uns zusammen?“, fragen Katharina und Philip.
„Das ist eine gute Idee“, überlegt die Mutter. „Eine halbe Stunde Pause am Nachmittag tut mir auch mal ganz gut“, lächelt sie. „Und wenn ihr dann Fragen habt, kann ich sie euch auch gleich beantworten.“
„Prima!“, stimmt Katharina zu.
Die Kinder machen sich gleich daran, einen Wochenplan zu malen, und stimmen dann mit der Mutter ab, welche Sendungen sie gerne sehen möchten. Sie trägt alles ein und am nächsten Tag probieren sie die neuen Regeln gleich aus.

„Wann darf ich denn heute fernsehen?“, fragt Philip.
„Um 17:30 Uhr fängt es an. Bis dahin kannst du an die frische Luft gehen“, antwortet die Mutter.
Philip zieht seine Fußballschuhe an.
„Ich guck mal, ob Max und die anderen schon da sind“, sagt er und läuft nach draußen.
Dieses Mal konzentriert sich Philip und schießt fast jeden Ball ins Tor.
Die Jungs spielen den ganzen Nachmittag und Philip hat das Fernsehen fast vergessen.
Als er nach Hause kommt, wartet Gucki beleidigt im Fernseher. „Na endlich! Ich dachte du kommst heute gar nicht mehr“, schmollt er.
„Hallo, Gucki!“, strahlt Philip. „Ich hab heute mal wieder richtig Fußball gespielt. Mann, hab ich einen Durst!“
Er stürmt in die Küche und lässt den verdutzten Gucki zurück.

Zur vereinbarten Zeit setzen sich die Kinder vor den Fernseher.
Die Mutter setzt sich dazu und stellt den Wecker.
Als er schließlich klingelt, ruft Katharina: „Das war’s für heute!“
Dann schaltet sie den Fernsehapparat aus.

TV
SPIEL

Am nächsten Tag nach dem Mittagessen schnappt er sich schnell seine Jacke. Er denkt noch kurz an seine Lieblingssendung und ruft: „Mami, kannst du meinen Film vielleicht aufnehmen? Ich schau ihn mir dann später an, wenn ich Zeit habe."
„Klar, mach ich", stimmt seine Mutter zu.
Dann stürmt Philip nach draußen.

Philip hat jetzt viel mehr Zeit für das Fußballtraining und seine Freunde merken das auch.
„Philip, du bist wieder richtig gut geworden!", lobt ihn Max und fügt hinzu: „Ich wusste, dass du der beste Stürmer für uns bist."
„Nächste Woche werden wir gewinnen", ist sich Alexander sicher. „Und dann gehört der Pokal uns."
„Was haltet ihr davon, wenn wir das Spiel aufnehmen und es uns später gemeinsam anschauen?", schlägt Philip vor.
„Eigenes Fernsehen machen, das ist eine super Idee!", jubelt Max.

Am Wochenende sind alle ganz aufgeregt.
Aber Kai beruhigt seine Freunde: „Wir werden es schaffen, wir haben hart trainiert und wir haben Philip."
Es ist ein spannendes Spiel und schließlich gewinnt Philips Mannschaft mit 3 : 1.
Philips Vater hat das Spiel mit seiner Kamera aufgenommen.

FC
5

Einen Tag darauf sitzt die Mannschaft vor dem Fernseher und schaut sich das Video an.
Szenen, die besonders gut sind, schauen sie sich mehrfach an.
Philip hat sich ein Mikrofon gebaut und kommentiert den Film: „Und hier sehen wir den hoffnungsvollen Mittelfeldspieler Max beim Andribbeln und Sturm auf das gegnerische Tor ..."
Alle kringeln sich vor Lachen.
„Richtig mit Freunden Fußball zu spielen macht viel mehr Spaß, als alleine Computerspiele zu machen!", freut sich Philip.
„Eigentlich würde ich auch gerne mal richtig Fußball spielen", sagt Gucki sehnsüchtig.
„Abgemacht!", sagt Philip. „Morgen kommst du mit zum Training!"

TEAM
18

**SUSANNE SZESNY**

wurde 1965 in Dorsten geboren. Sie studierte Visuelle Kommunikation in Münster und hat unter anderem bereits viele Bücher für Kinder illustriert. Seit 1990 arbeitet sie als freiberufliche Illustratorin und lebt heute mit ihrem Mann und einem Sohn in Duisburg.

**BÄRBEL SPATHELF**

wurde 1957 in Villingen geboren. Nach dem Abschluss als Diplom-kauffrau arbeitete sie einige Zeit für Werbeagenturen, bevor sie sich als Marketingberaterin selbst-ständig machte. Mit ihrem Mann und drei Kindern lebt sie in der Nähe von Frankfurt.

Der Bilderbuch-Hit zum Thema Schnuller:

„EIN BÄR VON DER SCHNULLERFEE"
Bärbel Spathelf (Text), Susanne Szesny (Illustration)
ISBN 3-930299-22-4

In diesem Bilderbuch geht es um Katharina, die große Schwester von Stefanie. Katharina kann sich einfach nicht von ihrem Schnuller trennen. Doch eines Nachts bekommt Katharina Besuch von der Schnullerfee. Die Fee schlägt ihr einen Tausch vor. Wenn Katharina ihr den Schnuller gibt, darf sich Katharina etwas wünschen. Zunächst lehnt Katharina ab. Doch schon bald schreibt sie einen Brief an die Fee, in dem sie sich einen Teddybären wünscht. Und als die Fee erneut kommt, schafft es Katharina, ihren Schnuller aufzugeben.

Zum Thema 'Daumenlutschen' von denselben Autorinnen:
„PHILIP UND DER DAUMENKÖNIG"
Originalausgabe, ISBN 3-930299-26-7

Originalausgabe, 1. Auflage

Neue Rechtschreibung
ISBN 3-86559-007-1

www.albarello.de

## Albarello - Für Kinder die schönsten Bücher.
## Weitere Bilderbuch-Hits zu starken Themen:

„EIN SCHUTZENGEL FÜR DEN STRASSENVERKEHR"
oder Die wichtigsten Tipps, wie man sich vor Unfällen schützen kann
Bärbel Spathelf (Text),
Susanne Szesny (Illustration)
Mit Schutzengel als Plüschfigur und Gehweg-Führerschein!
Originalausgabe
ISBN 3-930299-90-9

Philip und seine Schwestern Katharina und Stefanie dürfen alleine im Hof spielen. Beim Spielen rollt ihnen der Ball auf die Straße. Die Kinder laufen hinterher. Aber zum Glück ist ihr Schutzengel gleich zur Stelle, sodass auch die kleine Stefanie rechtzeitig am Bordstein anhält und den Kindern nichts passiert. Der kleine Schutzengel erklärt den Kindern nun, wie sie sich im Straßenverkehr richtig verhalten, damit so etwas nicht noch einmal geschieht. Und weil Philip bald in die Schule kommt, übt der Schutzengel am nächsten Morgen mit ihm seinen Schulweg. Damit Kinder die lebenswichtigen Verkehrsregeln frühzeitig kennen lernen, sollten schon Kinder im Kindergartenalter an das Thema herangeführt werden.
Mit diesem wundervoll illustrierten Buch gelingt es, sowohl Vorschulkinder als auch kleinere Kinder auf Verkehrsgefahren aufmerksam zu machen, um so Unfällen im Straßenverkehr vorzubeugen.

„INDIANERKIND KLEINER ADLER"
oder Das ist zu gefährlich – das machen wir nicht
Christine Jüngling (Text),
Susanne Szesny (Illustration)
Originalausgabe
mit indianischem Brustbeutelchen!
ISBN 3-930299-93-3

Indianerkind Kleiner Adler möchte gerne zur Gruppe von Starker Büffel gehören. Doch Starker Büffel verlangt verschiedene Mutproben. Die ersten Prüfungen sind nicht allzu schwierig, wenn auch schon ein bisschen gefährlich. Doch dann will Starker Büffel, dass Kleiner Adler den überaus gefährlichen, wilden Fluss überquert, an dem die Kinder nicht spielen dürfen. Was soll er nun tun? Kleiner Adler vertraut sich dem weisen Medizinmann an. Der rät ihm auf seine innere Stimme zu horchen, um so zu erkennen, ob er die Mutprobe machen soll oder nicht, und gibt ihm als Hilfe einen kleinen Lederbeutel mit. Als der Tag der Mutprobe kommt, merkt Kleiner Adler, dass diese lebensgefährlich ist, und verweigert die Mutprobe. Und als dann noch Starker Büffel selbst in den gefährlichen Fluss stürzt, sieht auch er ein, dass Kleiner Adler Recht hatte, solch gefährliche Dinge nicht zu machen.

„DIE KLEINEN STREITHAMMEL"
oder Wie man Streit vermeiden kann.
Susanne Szesny (Illustration),
Bärbel Spathelf (Text)
Originalausgabe
mit Plüsch-Streithammel
ISBN 3-930299-62-3

Philip und Katharina streiten sich. Doch plötzlich trauen die beiden ihren Augen nicht. Denn als sie so richtig wütend streiten, tauchen auf ihren Schultern zwei Streithammel auf, die versuchen den Streit noch anzufachen, indem sie den beiden Kindern gemeine Sachen ins Ohr vorsagen. Denn je größer der Streit ist, desto größer und mächtiger werden auch die Streithammel. Verträgt man sich allerdings, verlieren die Streithammel zunächst ihre spitzen Hörner und werden schließlich zu kleinen, friedlichen Lämmern. Aber wenn sie erst einmal da sind, wird man sie nur schwer wieder los ...
Doch schließlich haben Katharina, Philip und ihre Mutter eine tolle Idee: Damit die Streithammel erst gar nicht auftauchen, stellen sie eine Liste von Regeln zusammen, die Streit vermeiden helfen, sodass die Streithammel erst gar keine Chance mehr bekommen aufzutauchen und die Kinder ohne Streit miteinander spielen können.